La culture de champignons : principe et techniques

Biologie du champignon :

Le champignon est un parfait éboueur, se nourrissant des matières organiques qu'il trouve dans le sol par l'intermédiaire du mycélium, produisant un humus dont bénéficie l'arbre sous lequel il se développe.

La spore est la base du champignon. Elle peut être considérée comme l'équivalent de la graine d'une plante. Dans des conditions favorables, cette spore va germer et produire un filament microscopique qui va se développer. Généralement, celui-ci va rencontrer un autre filament émis par une autre spore, provoquant une sorte d'accouplement mais qui n'a rien de vraiment reproductif si ce n'est que se soudant l'un à l'autre, ils produiront un troisième filament.

1

Celui-ci va se ramifier considérablement, formant une véritable toile formée de nombreux et fins autres filaments, près de la surface du sol, le même phénomène se produisant sous l'écorce des arbres morts. Il s'agit là du mycélium que l'on peut observer à l'automne en soulevant la couche des feuilles en décomposition. Blanche, cette toile ressemblant à un feutrage va, selon certaines conditions, atmosphériques, de milieu, de substances particulièrement favorables, etc, s'agglomérer pour former une sorte de petite pelote.

C'est à partir de cette pelote que va se former progressivement notre champignon. Celui-ci va à son tour produire des spores, sous le chapeau. Ce dernier peut être constitué de lamelles, de plis, de tubes ou d'aiguillons. Cette partie reproductrice de spores s'appelle l'hyménium. Ceci étant valable pour les champignons à pied ; les autres produisent les mêmes spores à l'intérieur (comme les vesses) ou au fond de la coupe (pour les pézizes). Une fois émises, les spores vont germer et finir ainsi le cycle. D'une consistance très fine, elles sont presque invisibles à l'oeil nu. C'est en écrasant une vesse, par exemple, que l'on peut les observer : le fin nuage farineux qui s'en dégage est constitué d'un nombre considérable de celles-ci, plusieurs millions de "graines" mais rares sont celles qui permettront la reproduction de l'espèce.

Le champignon n'est, somme toute, que l'appareil reproducteur, d'une durée de vie très courte, d'un système très élaboré dont la partie essentielle est cachée dans le sol ou d'autres supports, tels que de vieilles souches, des végétaux en décomposition, du fumier, etc.

Son développement, pour arriver à l'érection tant convoitée, dépend d'une série de facteurs très divers : la chaleur, l'humidité, la lumière et, curieusement, pour les cèpes et bolets notamment, le choc thermique provoqué par une différence importante de température entre la nuit et le jour : une forme de stress ...

Cette érection marquera le départ d'une course frénétique entre les différents concurrents cherchant à s'approprier une nourriture qui, pour certains, telle cette limace des bois, constitue un mets de choix !

Les insectes, quant à eux, se réserveront le terrain non pas en mangeant le délicieux fruit mais en y pondant afin d'assurer la nourriture à leur progéniture ...

Si vous n'arrivez pas avant eux, ce sera trop tard pour vous : ils seront déjà à table ou auront littéralement squatté ce qu'ils considèrent comme leur garde-manger ...

Du début du développement hors sol jusqu'à la maturité (c'est-à-dire à l'état d'être récolté), il faut en moyenne 1 à 5 jours. Inutile de se précipiter dès leur éclosion : ils acquièrent l'essentiel de leurs qualités gustatives à l'état adulte. Avant cela, ils sont trop petits et difficilement reconnaissables pour certains ; après, ils abritent le plus souvent des larves d'insectes et deviennent impropres à la consommation.

Les milieux propices aux champignons.

La Forêt, bois, taillis.

Le milieu le plus favorable à la cueillette est, sans conteste, la forêt et ses abords immédiats. Mais, déjà, le plus petit bosquet peut abriter des champignons. Un bois très ordinaire, pour peu qu'il contienne les essences d'arbre favorables, peut donc parfaitement faire l'affaire ! Feuillus et conifères réunis dans un même milieu offrent la possibilité d'une très grande diversité : cèpes, russules, clitocybes, morilles et autres chanterelles y trouvent refuge, parmi d'autres espèces encore.

Certaines espèces apprécient néanmoins des conditions particulières Les cèpes se développent très bien sous les chênes et les châtaigners. Vous n'en trouverez toutefois pas sous des arbres jeunes : il leur faut des protecteurs de 10 à 15 ans au moins ... Les épicéas et sapins de Vancouver leur conviennent aussi. Les bolets exigent de la lumière, une circulation d'air suffisante et peu de végétation concurrente.

Deux règles sont à observer pour ne pas (en principe) revenir bredouille : toujours commencer par prospecter les abords des sentiers, les éclaircies ou clairières et, ensuite seulement mais avec prudence, pénétrer dans le sous-bois, de préférence dans les zones difficilement accessibles : elles sont souvent délaissées. Les fouillis de ronce recèlent fréquemment de véritables trésors ! Les zones bien démarquées telles que surfaces herbues, mousses ou dépressions plus humides doivent être visitées.

C'est parfois derrière une souche anodine que peut se cacher un trésor : un coup d'oeil circulaire ne suffit pas à véritablement sonder tous les recoins de la forêt ! La prospection d'un bois ne doit pas être à sens unique ! Il arrive bien souvent en revenant sur ses pas que l'on découvre des champignons invisibles à l'aller, soit parce que la lumière ne les mettait pas en valeur, soit parce qu'ils étaient cachés derrière une branche morte, une fougère ou quelques ronces enchevêtrées.

Un conseil : si les zones prospectées bordent des champs cultivés, ayez à l'esprit que si un déversement ou une pulvérisation récente de fongicides, de pesticides ou de désherbants a été effectué, le milieu est défavorable car il peut être à l'origine de sérieux troubles intestinaux ! La phytopharmacie agricole est dangereuse !

Les herbus : prés, jachères, parcs et pelouses

Les jardins, parcs et autres surfaces herbues font également partie d'un milieu où, si la variété est moins grande, la cueillette est plus aisée. Les champignons, s'il y en a, se voient facilement de loin et les agarics et rosés se remarqueront à la blancheur de leurs rassemblements tandis que les coulemelles ornées de leur grand chapeau en forme de parasol ne passeront pas inaperçues.

Un conseil : si vous envisagez de prospecter des prairies entretenues, informez-vous afin de vous assurer qu'aucune pulvarisation récente d'engrais ou d'un produit chimique quelconque n'a été effectuée ! Certaines indigestions sérieuses ont pour origine un oubli de ce genre !

Certains milieux naturels ... ne le sont plus aujourd'hui, en raison de l'utilisation abusive des produits chimiques destinés à l'exploitation à outrance d'une nature qui a parfois du mal à se régénérer, tant les agressions sont répétitives. Il en est ainsi des prés pâturés qui, essentiellement en plaine, ont bien souvent vu disparaître des familles de champignons que l'on ne trouve plus aujourd'hui que dans quelques régions préservées de l'agriculture et de l'élevage intensif. Les hygrophores aux couleurs chatoyantes qui cotoyaient auparavant les fleurs des champs et quelques clavaires ne se font plus remarquer qu'en de rares endroits ou dans les parcs et pelouses non traités aux produits chimiques. Ils ont laissé la place à quelques espèces moins exigeantes dont il faut toutefois se méfier en raison de ce qui précède. Les agarics s'y développent toujours en bandes nombreuses à la belle saison, cotoyant parfois les lépiotes, les panéoles, certains coprins et quelques autres encore. Les beaux paniers de rosés des prés ou de coulemelles n'y sont pas rares ... et les indigestions causées par la phytopharmacie en sont parfois le corollaire pour les mycophages imprudents.

Les biotopes humides : marais et tourbières

Si ces biotopes ne sont pas les plus intéressants pour les mycophages, ils le sont toutefois pour les mycologues et autres passionnés du monde des champignons. On y trouve en effet les espèces particulières associées aux sphaignes et aux arbres dont c'est le milieu favorable : saules, bouleaux et aulnes, pins et épicéas mais aussi leurs souches et troncs en décomposition. L'humidité y règne en maître, le champignon aussi.

Cortinaires, russules, lactaires, hébélomes mais aussi quelques espèces de bolets s'y disputent le terrain, qu'il soit acide ou alcalin, appréciant les sols tourbeux et la litière des feuilles. Les coprins, crépidotes, galères, marasmes, mycènes et autres psathyrelles, ou encore entolomes, collybies, hypholomes, pholiotes que l'on ne trouve pas ailleurs s'y donnent rendez-vous. Certains hygrocybes y ont trouvé refuge, paraissant parfois flotter tels des nénuphars sur les places inondées.

Les variétés y sont abondantes, tant en plaine qu'en altitude.

Les places à feu

Il s'agit le plus souvent d'anciennes parcelles défrichées où le bois non exploitable, les ronces, les fougères et les broussailles en général ont été brûlés sur place.Pratiquement toute la végétation y a été détruite ... en surface. Le sous-sol recèle, en effet, les ingrédients nécessaires à une récupération rapide des lieux par le monde végétal : débris ligneux, racines mais aussi mycélium. L'action du feu aura enrichi la surface du sol par les cendres s'imprégnant dans la couche superficielle, créant ainsi un milieu favorable à l'apparition d'espèces particulières. Après quelques mois de repos, la terre devenue plus alcaline se couvrira d'abord de mousses d'où émergeront ensuite les premiers champignons, parmi lesquels la pholiote charbonnière, la bien nommée. Plus tard, quelques espèces prendront l'habitude de s'y développer, parmi lesquelles les pézizes mais surtout (pour le mycophage !) une espèce convoitée : le coprin chevelu.

Les fumiers et composts

A l'instar du précédent, ce biotope est peu courant ou de superficie réduite et voit se succéder différentes espèces au cours de sa décomposition. Elles sont surtout composées de petits champignons, essentiellement des moisissures, mais aussi d'individus susceptibles d'intéresser le mycophage, du moins au stade ultime d'une matière riche en fertilisants naturels. Comme pour les places à feu, les pézizes apparaîtront d'abord puis seront suivies plus tard par certains coprins mais aussi par les panéoles, les inévitables saprophytes des excréments d'animaux.
Ce milieu très riche est souvent proche, à la fin du stade de décomposition, de celui qui se vend dans les commerces spécialisés sous forme de bûches compactes de fumier seché contenant du mycélium d'une espèce bien connue, le fameux "champignon de Paris".

La cueillette des champignons : les dangers de la forêt

Rares sont les amateurs ... et même mycologues avertis, qui imaginent un danger pourtant bien réel : le plus grand des prédateurs, l'homme ! Déguisé en chasseur, fort d'un permis de tuer tous les jours de la semaine, il a parfois la gâchette facile et le réflexe dangereux ! N'hésitez donc pas à vous vêtir de couleurs vives lorsque vous entrez dans ce qu'il considère comme "son" domaine. Même si les accidents sont rares, il vaut mieux ne pas fréquenter les bois en habit vert-de-gris ...

N'imaginez pas qu'après avoir pris toutes les précautions, dont celle qui précède, que vous êtes désormais à l'abri de toute surprise désagréable : il en est une autre que les ouvrages et sites traitant de mycologie méconnaissent presque systématiquement ... Il s'agit du risque d'infection par un petit animal parasite qui sévit dans les bois : la tique ! Cet acarien hématophage hante les forêts, accroché le plus souvent aux fougères, herbes hautes et branches basses des arbres, dans l'attente ... de pouvoir s'accrocher à un être vivant passant à sa portée. Se fixant par la tête, équipé de rostres crochus s'ancrant profondément dans la peau, il parasite alors l'hôte de passage, animal mais aussi humain pour se nourrir de son sang ! Un vampire, en quelque sorte ...

Le risque principal de ce qui pourrait n'être qu'une petite mésaventure désagréable est de contracter une maladie bien connue des chasseurs et des forestiers : la borréliose ou maladie de Lyme. Provoquée par une bactérie que véhiculent des mammifères vivant dans nos forêts, dont la tique est parfois le vecteur (certaines régions sont plus touchées que d'autres, notamment le nord et l'est de la France ainsi que les pays situés au nord de ces régions), l'infection qui menace le promeneur peut avoir des conséquences articulaires mais aussi et surtout neurologiques et cardiaques ! Il est donc prudent, après chaque sortie en forêt, d'inspecter toutes les zones du corps afin de vérifier si cet insecte ne "vous colle pas à la peau". En effet, les conséquences d'un tel incident peuvent parfois être particulièrement graves !

Enfin, ... et cet ultime avertissement n'est pas destiné à vous faire renoncer à votre passion, il existe un dernier danger à ne pas prendre à la légère, un autre risque de maladie indirectement transmissible par le champignon : l'échinococcose. Moins connue que la maladie de Lyme, cette affection peut pourtant être encore plus lourde de conséquence, s'attaquant essentiellement au foie, en le rongeant littéralement. Elle est provoquée par la prolifération d'un ver minuscule dont le chien et surtout le renard sont les porteurs involontaires. Cette larve peut être présente parmi les beaux fruits que vous aurez déposé dans votre panier, sans que vous ne le sachiez ... Si certains de ceux-ci sont d'une saveur exquise à l'état cru, il est une précaution indispensable à prendre avant de les déguster : les brosser puis les essuyer consciencieusement et surtout éviter d'absorber des espèces paraissant véreuses. Heureusement, une cuisson suffisante permet de se prémunir contre une éventuelle intoxication, le ver n'y résistant pas.

Pas de panique, toutefois : une fois ces notions de prévention bien comprises et adoptées, vous pourrez vous adonner sans crainte à la "chasse aux champis" !

Les moments les plus favorables pour la cueillette sont ceux qui suivent les belles averses : un ou deux jours plus tard, c'est l'éclosion. Ceci est une règle générale, pas une certitude car curieusement, cela ne marche pas toujours. Les anciens prétendent que la pleine lune influence le cycle d'érection du champignon : ils parlent là de "poussée"... Il y a du vrai dans ces dires et tout observateur attentif aux évènements de la nature préfèrera sans doute envisager ses sorties en fonction des cycles lunaires. L'un de ceux-ci est particulièrement favorable à la sortie à l'air libre du champignon : la période de la lune ascendante et surtout à la fin de celle-ci. Peu de gens le savent (sauf, une fois de plus, ceux que la nature intéresse au point d'en observer attentivement les évènements) mais je vais vous confier un secret (qui forcément ne le sera plus...) : en début de saison, lorsque le sol n'a pas encore eu le temps de se réchauffer, prospectez les parties Ouest des bois ! En pleine saison, l'Est est particulièrement favorable au champignon du matin et lorsqu'il fait très chaud, c'est l'exposition Nord des bois qui vous assurera votre cueillette ! Le Sud quant à lui n'a pas la cote... ou vraiment très peu.

Autre chose : ayez du nez, du pif, de la truffe ! Pas le champignon mais le flair, tant pis pour les fumeurs : ils perdent là l'occasion d'utiliser un excellent outil pour la recherche des champignons. Cet appendice vous permettra de détecter à coup sûr la présence, ou la dégénérescence de la friandise convoitée : humez à pleins poumons les parfums qui vous entourent : s'il y a du champignon, vous le sentirez !

Si c'est la fin du cycle et qu'il se décompose, vous le remarquerez aussi : une forte odeur se dégage et si vous êtes dans un "coin" à bolets ou cèpes, cette odeur est insupportable. La décomposition massive d'armillaires produit des effets plus spectaculaires encore : l'impression d'un cadavre en décomposition ... ! Inutile de poursuivre alors vos recherches : vous n'en trouverez plus car curieusement, tous les spécimens de l'espèce se décomposent, le plus souvent, en même temps.

Clonage et culture de mycélium sur carton à partir d'un champignon

Le carton est un milieu de culture "sélectif" car il est pauvre en nutriment et sucre. La plupart des contaminants ont besoin de sucre dans le substrat pour se développer alors que le mycélium (d'espèces poussant sur du bois) peut se contenter de carton. Lors du clonage d'un champignon sur carton, votre mycélium pousse sur un substrat qui augmente les chances de stérilité de la culture.

Commencez par découper un morceau de carton (brun et non imprimé) d'environ 3cm de coté et essayez de décoller la couche supérieur (si le carton est trop collé, trempez le dans de l'eau chaude pendant une minute.)

Grattez à l'aide d'un scalpel ou d'une lame propre la colle qui reste sur la partie ondulée du carton.

Faites trempez ensuite vos morceaux de carton dans une petite casserole à feu doux pendant 10 minutes en évitant l'ébullition. Déposez ensuite vos morceaux de carton dans des pots en verre ou des boites de Pétri. Le carton doit être bien humide mais pas complétement imbibé d'eau (laissez le égoutter quelques instants)

Maintenant il vous reste à trouver un champignon afin d'effectuer un prélèvement de tissu pour le clonage du mycélium,

et à le déposer sur votre carton. Placez-le ensuite dans votre incubateur et patientez 1 à 2 semaines afin que le mycélium recouvre complètement sa surface. Vous pouvez ensuite vous servir de vos morceaux de carton colonisés pour inoculer différents substrats.

Comment préparer une gélose nutritive additionné d'H2O2?

Commencez par choisir la composition de votre milieu de culture, puis mettez tout les ingrédients dans une casserole.

Dans les paramètres de culture des espèces cultivables vous trouverez sur quel milieu le mycélium de l'espèce se développe le mieux. Voici les différentes compositions des milieux de culture:

1) Le milieu MYA (Malt, Yeast, Agar)

1 Litre d'eau

20 grammes d'agar-agar

20 grammes d'extrait de malt

2 grammes de levures

2) Le milieu MYPA (Malt, Yeast, Peptone, Agar)

1 Litre d'eau

20 grammes d'agar-agar

20 grammes d'extrait de malt

2 grammes de levures

1 gramme de peptone

3) Le milieu PDYA (Potato, Dextrose, Yeast, Agar)

700mL d'eau

300mL d'eau de cuisson de pomme de terre (coupez 300g pommes de terre en morceaux moyens et faites les cuire dans 2-3L d'eau pendant 1 heure, filtrez l'eau de cuisson avant utilisation)

20g d'agar-agar

10g de dextrose

2g de levures

1g de peptone (optionnel pour obtenir un milieu PDYPA)

4) Le milieu OMYA (Oatlmeal, Malt, Yeast, Agar)

1 Litre d'eau

80g de flocon d'avoine

20g d'agar-agar

10g d'extrait de malt

2g de levures

C'est un milieu de culture très riche dont vous pouvez filtrer ou non l'avoine avant de l'utiliser.

5) Le milieu DFA (Dog Fod Agar)

1 Litre d'eau

20g d'agar-agar

20g de croquettes de chien broyées en poudre

6) Le milieu CMYA (Cornmeal, Malt, Yeast, Agar)

1 Litre d'eau

20g d'agar-agar

10g de semoule de mais (sans fongicide)

5g de malt ou de glucose

1g de levures

Ce milieu n'est pas aussi nutritif que les autres, il est utilisé en laboratoire pour stocker et conserver les cultures. Mélangez le tout jusqu'à ébullition puis coupez le feu.

Versez ensuite votre préparation dans un récipient en verre .

Recouvrez votre récipient avec de l'aluminium avant de procéder à une stérilisation (25 à 30 minutes). J'en profite pour stériliser en même temps mes boites de Pétri (en verre). Aspirez de l'*H2O2* à l'aide d'une seringue: ajoutez entre *6mL et 12mL d'H2O2*(concentration 3% ou 10 volumes) *par litre* de milieu. Dans cet exemple, j'ai préparé 200mL de milieu de culture: je dois donc ajouter entre 1,2mL et 2,4mL d'*H2O2*. Plus vous ajouterez d'*H2O2* à votre gélose, plus elle sera *résistante aux contaminations*. Par contre j'ai remarqué que plus la concentration d'*H2O2* est importante, plus le mycélium est ralenti pour coloniser la gélose nutritive. Mélangez votre milieu de culture en faisant des mouvements circulaires.

Aspirez votre milieu de culture à l'aide d'une seringue stérile de 50mL ou 100mL, puis injectez-le dans vos boites de Pétri.

Il ne vous plus qu'à laisser refroidir vos géloses avant de les utiliser.

Ces géloses, plus résistantes aux contaminations, sont très utiles pour produire votre mycélium à partir d'un clonage de tissu. Par contre, si vous désirez produire votre mycélium à partir d'une empreinte de spores, utilisez une gélose sans H2O2.

Cloner le tissu d'un champignon pour produire votre mycélium :

Lorsqu'on utilise une seringue de spores pour l'inoculation, beaucoup de mycéliums différents vont se développer et entrer en concurrence afin de puiser la nourriture contenue dans le substrat. L'avantage de réaliser un clonage de tissu d'un champignon est justement de ne conserver qu'un individu et donc un seul mycélium. Sans concurrence celui-ci sera beaucoup plus rapide pour coloniser le substrat.

Cette manipulation est simple à réaliser, toute la difficulté est de réussir à garder un maximum de stérilité durant chaque étape du processus, le but de cette technique est de prélever stérilement un morceau de chair à l'intérieur du champignon et de le déposer sur un substrat stérile (culture liquide, céréales ou milieu gélosé) afin de produire du mycélium.

Le mieux est de choisir un champignon jeune (ayant encore le chapeau fermé) et vigoureux car vos futures récoltes dépendront de cet individu. Vous pouvez aussi vous servir d'un champignon acheté dans le commerce afin de cloner la souche et de la cultiver.

Prenez un beau et jeune champignon, et sectionnez-le en deux dans le sens de la longueur.

Chauffez la lame de votre scalpel à rouge et laissez la refroidir quelques secondes (attention à ne pas tuer le tissu en le brulant) avant de prélever un petit morceau de chair à la base du chapeau (un carré de 2-3 millimètres de côté). En effet, un gros morceau de tissu augmenterait les risques de contaminations: plus la surface de prélèvement est grande et plus il y a de chances pour qu'elle soit contaminée.

Il ne vous reste plus qu'à déposer ce petit
morceau dans votre substrat stérile
(céréales, culture liquide ou milieu gélosé)

Placez ensuite le substrat dans
votre incubateur.

Comment faire une empreinte de spores avec un champignon?

Une empreinte de spores permet de conserver une espèce en recueillant ses spores sur un morceau d'aluminium. Cette empreinte permet aussi de produire vous même votre mycélium.

Découpez une feuille d'aluminium (ou papier) et posez la sur votre plan de travail (que vous aurez nettoyé à l'alcool ou javel).

Désinfectez aussi votre feuille d'aluminium avec un mouchoir en papier imbibé d'alcool.

Choisissez un champignon adulte (dont le chapeau est ouvert et presque plat) et coupez son pied (à ras le chapeau) à l'aide d'un scalpel ou une lame que vous aurez préalablement stérilisé à la flamme.

Déposez le chapeau sur la feuille et recouvrez le avec un verre (désinfecté à l'alcool).

Patientez entre 12 et 24 heures afin que le chapeau libère ses spores.

Mettez ensuite votre empreinte de spores dans une pochette en plastique ziploc à l'aide d'une pince à épiler (stérilisée) en notant le nom de l'espèce ainsi que la date de l'empreinte de spores.

Les empreintes de spores réalisées à partir d'un champignon ramassé dans la nature ne sont pas stériles. Il faudra procéder à l'isolation du mycélium sur agar-agar (technique expliquée dans un futur article).

Si vous faites une empreinte de spores à partir d'un champignon issu de votre culture et que vous avez respecté au maximum **la stérilité de la culture** votre empreinte devrait être vierge de toute contamination.

Vous pouvez conserver longtemps votre empreinte si elle est stockée au sec et dans le noir.

Culture de mycélium sur céréales ou grains afin de cultiver des champignons

1 Quelles céréales choisir?

Une multitude de grains peuvent être utilisés pour la culture des champignons tant qu'ils sont bio (sans fongicide). Le mycélium a besoin d'une source de sucre qu'il puisera dans l'amidon contenu dans les céréales: le riz, le millet, le blé, l'orge, le quinoa fonctionnent pour cultiver des champignons, mais le seigle est la céréale la plus utilisée. Vous pouvez en commander du seigle BIO dans votre boutique.

En général, les céréales servent de substrat de colonisation pour le mycélium. Une fois que le mycélium à totalement coloniser les céréales, on s'en sert pour inoculer un substrat de fruitaison.

Pour avoir une vue d'ensemble sur la marche à suivre pour mener à bien une culture, je vous recommande vivement de lire les étapes de la culture de champignons.

2 Préparation des bocaux

Percez le couvercle avec un tournevis et un marteau puis rebouchez le trou avec du scotch résistant à l'eau. Cette ouverture servira à l'inoculation avec une seringue de spores. Vous pouvez aussi fabriquer un couvercle filtrant sur vos pots.

Voici les proportions à respecter pour des bocaux de 1L

Versez 200ml de grains (ici du riz complet: environ 160g)

Ajoutez 200ml d'eau (distillée si possible)

Secouez énergiquement pendant 30 secondes!

3 Stérilisation des bocaux

Fermez vos pots en ne visant quasiment pas le couvercle (ils risqueraient de se fissurer pendant la stérilisation) et déposez les dans un stérilisateur ou une cocote minute dans laquelle vous aurez versé un fond d'eau (environ 1L). On peut recouvrir le couvercle des pots sur 5cm avec une couche d'aluminium pour éviter que de la vapeur rentre.

Refermez votre stérilisateur et mettez le feu en route. Dès que de la vapeur commence à se faire entendre lancez votre chronomètre et comptez 1 heure avant d'éteindre le feu. Laissez refroidir la cocote minute avant de l'ouvrir et récupérez vos pots de céréales stérilisés, il ne vous reste plus qu'à secouez le pot pour aérer les céréales et vous êtes prêt pour l'inoculation!

4 Ensemencer les céréales

Il existe plusieurs méthodes pour inoculer votre grain stérilisé. Vous pouvez utiliser:

Une seringue de spores

Une culture liquide de mycélium

Un morceau de culture sur gélose nutritive

5 Mise en condition d'incubation

Après l'inoculation, placez vos bocaux en incubation dans le noir à une température de 20° à 25°.

Après 3 à 4 semaines (ou plus selon les espèces) le mycélium aura colonisé entièrement les céréales. Ces céréales servent à inoculer un substrat de fruitarien comme de la paille ou des billots de bois. Ces céréales peuvent aussi (pour certaines espèces) produire directement des champignons

Qu'est-ce qu'une culture liquide de mycélium?

Une culture liquide (CL) est une solution d'eau sucrée et stérile dans laquelle vous allez cultiver et multiplier le mycélium de l'espèce choisie. Le but de la culture liquide est de vous permettre d'inoculer votre substrat (paille ou céréales par exemple) ou une nouvelle culture liquide. La CL permet de conserver une espèce mais aussi de la reproduire à volonté. Grâce à cette technique vous n'êtes plus dépendant d'un producteur pour vous fournir en mycélium! La culture liquide minimise les risques de contaminations et peut servir pour cloner un champignon frais.

Choix du récipient:

Une culture liquide peut être réalisée dans tout récipient en verre possédant une fermeture hermétique (pot de confiture, bouteille de jus de fruits,...)

Néanmoins, il est préférable de faire plusieurs petits volumes au lieu d'un gros: si vous faites une culture liquide de 1L et qu'elle est contaminée votre espèce sera perdue , Alors que si vous préparez 4 cultures liquides de 100mL et qu'une est contaminée, il vous reste toujours les 3 autres!

Pour cette raison, je recommande l'utilisation de petits récipients et je trouve les minis pots de confiture (30 grammes) parfaits pour la culture liquide.

Vous pouvez optionnellement percé un petit trou dans le couvercle et le reboucher proprement avec du silicone. Cet astuce vous permet d'augmenter la stérilité de la manipulation en n'ayant plus besoin d'ouvrir le couvercle: transpercez directement le silicone avec l'aiguille de la seringue de spore ou d'une CL.

La solution de culture: eau + sucre

La solution utilisée n'est rien d'autre que de l'eau et 4% de sucre. L'eau du robinet convient bien cependant certaines limites le développement du mycélium et dans ce cas vous pourrez utiliser de l'eau en bouteille. Vous pouvez vous servir de différentes sortes de sucres comme le miel ou un mélange de glucose-saccharose en poudre, mais le plus simple reste le sirop! Beaucoup de sirops de fruit peuvent être utilisés tant que l'ingrédient principal est "sirop de glucose-fructose" car le saccharose (sucre blanc) ne convient pas seul. Vous doserez à hauteur de 50mL de sirop pour 1L d'eau.

En moyenne, le mycélium devrait commencer à se développer après 48h à 72h après inoculation. Certaines espèces sont plus lentes, mais en général, si après 96h, rien ne se développe il y a de grandes chances que la culture liquide soit contaminée.

Les vecteurs de contamination de votre culture :

Lorsque votre culture est contaminée c'est forcément par l'un de ces 6 vecteurs :

Le corps humain abrite de nombreuse bactéries, levures et virus. C'est pourquoi vous devez vous laver les mains avec du gel hydroalcoolique et utiliser si possible des gants et un masque.

L'air est bourré de contaminants, et à chaque mouvement d'une personne, à chaque courant d'air ou respiration, la masse d'air en mouvement crée un risque pour votre culture! Vous pouvez utiliser une boite à gants pour limiter les mouvements d'air

La contamination est souvent due à une mauvaise stérilisation du substrat. Les durées de stérilisation sont différentes selon les matériaux.

Tout ce que vous allez toucher durant la manipulation doit être soigneusement désinfecté à l'alcool 70° ou stérilisé à la flamme d'un bec bun-zen (scalpel, aiguille)

L'inoculum utilisé pour colonisé le substrat (que ce soit une culture liquide de mycélium, une seringue ou une empreinte de spores) peut être une source décontamination si il n'a pas était soigneusement préparé.

Toute les petites bêtes comme les mouches, les mites, les fourmis et autres insectes se déplaçant lors de l'inoculation peut être un vecteur potentiel décontamination.

Mes conseils pour un maximum de stérilité lors de la culture

Afin de mener à bien une culture de champignons, vous devez respecter quelques règles de stérilité. En effet les différents substrat utilisés sont riches en sucres et peuvent être contaminés par d'autres micro-organismes (levures, bactéries ou spores).

L'objectif est de coloniser le substrat uniquement avec les spores ou le mycélium du champignon que l'on souhaite cultiver. En cas de contamination vous devrez impérativement jeter le milieu de culture.

Avant toutes manipulations commencez par vaporiser de l'eau de javel (diluée à 10%) ou de l'alcool à 70° sur votre plan de travail.

Pensez à retirer vos bagues et vos bracelets qui peuvent être des sources de contaminations.

Utilisez un gel hydroalcoolique ou de l'alcool à 70° pour vous lavez les mains et les poignets avant de manipuler le matériel ou utilisez des gants (aussi nettoyer à l'alcool)

Fermez les fenêtres et essayer, lors de vos manipulations, de faire des gestes brefs et précis afin de déplacer au minimum les éventuels contaminants en suspension dans l'air.

Respirez doucement et n'expirez pas en direction du matériel, ou mieux utilisez un masque, la flamme d'un bec bun-zen crée théoriquement un "cône de stérilité" de 10cm autour d'elle. Ce cône est de 5cm pour une lampe à alcool. Vous devrez effectuer vos manipulations le plus près possible de la flamme. Vous pouvez utiliser plusieurs lampes à alcool pour augmenter cette zone stérile.

En faisant bouillir de l'eau pendant une petite demi-heure, vous pouvez humidifier l'air ambiant et ainsi faire retomber toutes les particules en suspension pour garantir une meilleur stérilité.

Espèces très facile a cultivé :

Pleurote en forme d'huître

Taille :
2 à 10 cm de haut.

Chapeau :
5 à 15 cm de diamètre, en forme d'huître de couleur beige à gris avec différentes nuances possibles mais toujours uniforme.
Lames blanches d'abord, puis nuancées de jaunâtres, à reflets bleuté vers le bord extérieur du chapeau.

Pied :
0,5 à 5 cm de long (très court) courbé et velouté, excentrique, à base laineuse.

Habitats, milieux

Se trouve en touffes très denses avec des individus souvent superposés en fin d'automne, voire en tout début d'hiver sur les souches ou les bois morts d'essences feuillues. S'installe également sur les arbres vifs surtout quand ceux-ci ont subit des cassures et mutilations.

champignon de Paris :

Chapeau :

de 5 à 10 cm, globuleux devenant hémisphérique, ensuite convexe puis s'aplatissant, de couleur de fond blanchâtre à brun clair, à marge excédente et plus ou moins appendiculée, recouvert de fibrilles ou squamules brunâtres à roussâtres, à marge plus claire

Lames :

fines et serrées, de couleur rose puis devenant brunes puis bistre-noirâtres à arêtes plus pâles en vieillissant

Anneau : bien marqué, épais et souvent en bourrelet, cotonneux et complexe, de couleur blanche un peu brunâtre en marge, relevé chez les sujets juvéniles

Pied :

trapu et ferme, plutôt court, s'épaississant vers la base, de couleur blanche devenant ochracé roussâtre vers la base

Exhalaison : typiquement fongique, plus ou moins prononcée

Période de cueillette : à partir du début du printemps et jusqu'à la fin de l'automne

Biotopes : jardins amendés, zones de fumure naturelle bien décomposée, compost, appréciant la litière de cyprès

Confusions : possible avec agaricus hortensis plus pâle et de plus grande taille, avec l'agaric champêtre mais aussi parfois avec d'autres agarics, tous comestibles

Famille : agaricacées

Nom scientifique : agaricus bisporusLa chair est blanche, rosit légèrement au toucher et à la coupe où elle devient ensuite vineux pâle à brunâtre pâle. Il s'agit du champignon le plus connu et le plus cultivé dans le monde. Il est plutôt rare à l'état sauvage et ne ressemble alors pas vraiment à celui qui est commercialisé sous son nom vernaculaire. Il s'agit d'un très bon comestible.

D'autres espèces de champignon peuvent être cultivé , faite vos tentatives,

j'espère que mon livre vous aura plus, n'hésite pas a voir mes autres livres disponibles partout sur le net et librairie,

Je vous fais partager mes passions et mon savoir faire.

Le monde appartient a ceux qui se lève tôt.

A très bientôt Haussy Nicolas

« LE TRAPPEUR PICARD »

retrouver moi sur youtube.

© 2018, Haussy, Nicolas
Edition : Books on Demand,
12/14 rond-Point des Champs-Elysées, 75008 Paris
Impression : BoD - Books on Demand, Norderstedt, Allemagne
ISBN : 9782322144921
Dépôt légal : juillet 2018